EMG3-0134
合唱楽譜＜J-POP＞
J-POP CHORUS PIECE

合唱で歌いたい！J-POPコーラスピース

混声3部合唱

桜

作詞・作曲：小渕健太郎、黒田俊介　合唱編曲：浅野由莉

●●● 曲目解説 ●●●

　人気デュオ、コブクロが歌う名曲です。2005年に発売された楽曲ですが、今もなお多くの人々に愛され続けています。一介の花に想いを託し歌い上げたこの曲。階段を上っていくように少しずつ盛り上がっていく旋律と、深い内容の歌詞が、ぐっと心に響きます。春に歌いたい、おすすめの楽曲です！

●●● 演奏のポイント ●●●

♪主旋律を歌うときは、文節や言葉のまとまりを意識して歌うと自然にリズム感が出るでしょう。

♪サビの主旋律は徐々に音が高くなっていきます。高音がきちんと上がりきるように、音をイメージして歌いだしましょう。

♪Nはp(ピアノ)の指示がありますが、「Uh－」は優しく、主旋律は語りかけるように歌いましょう。

♪全体的に、言葉の子音"ふゆ"の「f」、"はな""ひとつ"の「h」、"さむさ""さくら"の「S」などを大切に発音すると、曲の雰囲気が出ます。

【この楽譜は、旧商品『桜（混声3部合唱）』（品番：EME-C0020）とアレンジ内容に変更はありません。】

合唱で歌いたい！J-POPコーラス

桜

作詞・作曲：小渕健太郎、黒田俊介　合唱編曲：浅野由莉

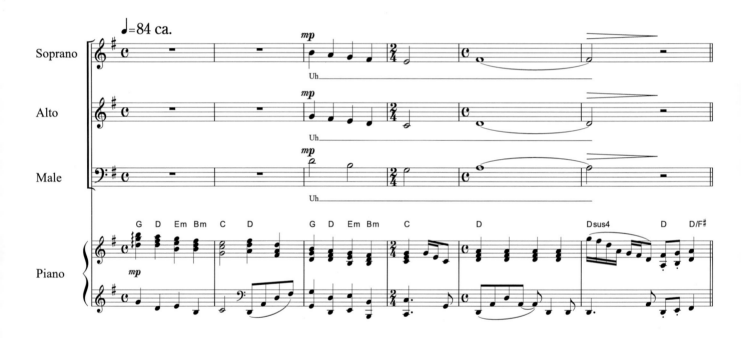

© 2005 by Warner Music Japan Inc. & MINOSUKE & M.C.CABIN MUSIC PUBLISHERS, INC. & Fujipacific Music Inc.

桜

作詞:小渕健太郎、黒田俊介

名もない花には名前を付けましょう　この世に一つしかない
冬の寒さに打ちひしがれないように　誰かの声でまた起き上がれるように

土の中で眠る命のかたまり　アスファルト押しのけて
会うたびにいつも　会えない時の寂しさ
分けあう二人　太陽と月のようで

実のならない花も　蕾(つぼみ)のまま散る花も
あなたと誰かのこれからを　春の風を浴びて見てる

桜の花びら散るたびに　届かぬ思いがまた一つ
涙と笑顔に消されてく　そしてまた大人になった
追いかけるだけの悲しみは　強く清らかな悲しみは
いつまでも変わることの無い
無くさないで　君の中に　咲く　Love…

街の中見かけた君は寂しげに　人ごみに紛れてた
あの頃の　澄んだ瞳の奥の輝き　時の速さに汚されてしまわぬように

何も話さないで　言葉にならないはずさ
流した涙は雨となり　僕の心の傷いやす

人はみな　心の岸辺に　手放したくない花がある
それはたくましい花じゃなく　儚く揺れる　一輪花
花びらの数と同じだけ　生きていく強さを感じる
嵐　吹く　風に打たれても　やまない雨は無いはずと

桜の花びら散るたびに　届かぬ思いがまた一つ
涙と笑顔に消されてく　そしてまた大人になった
追いかけるだけの悲しみは　強く清らかな悲しみは
いつまでも変わることの無い
君の中に　僕の中に　咲く　Love…

名もない花には名前を付けましょう　この世に一つしかない
冬の寒さに打ちひしがれないように　誰かの声でまた起き上がれるように

エレヴァートミュージックエンターテイメントはウィンズスコアが
展開する「合唱楽譜・器楽系楽譜」を中心とした専門レーベルです。

ご注文について

エレヴァートミュージックエンターテイメントの商品は全国の楽器店、ならびに書店にてお求めになれますが、店頭でのご購入が困難な場合、下記PC&モバイルサイト・FAX・電話からのご注文で、直接ご購入が可能です。

◎PCサイト＆モバイルサイトでのご注文方法
　http://elevato-music.com
　上記のアドレスへアクセスし、WEBショップにてご注文ください。

◎FAXでのご注文方法
　FAX.03-6809-0594
　24時間、ご注文を承ります。上記PCサイトよりFAXご注文用紙をダウンロードし、
　印刷、ご記入の上ご送信ください。

◎お電話でのご注文方法
　TEL.0120-713-771
　営業時間内に電話いただければ、電話にてご注文を承ります。

※この出版物の全部または一部を権利者に無断で複製（コピー）することは、著作権の侵害にあたり、
　著作権法により罰せられます。

※造本には十分注意しておりますが、万一、落丁・乱丁などの不良品がありましたらお取り替えいたします。
　また、ご意見・ご感想もホームページより受け付けておりますので、お気軽にお問い合わせください。